Car Sourcière je fus

Lotus ENGEL

Car Sourcière je fus

Poèmes et chansons

© 2025 Lotus ENGEL

Édition : BoD · Books on Demand,
31 avenue Saint-Rémy, 57600 Forbach,
bod@bod.fr
Impression : Libri Plureos GmbH,
Friedensallee 273, 22763 Hamburg
(Allemagne)

ISBN : 978-2-3225-7362-2
Dépôt légal : Mars 2025

Du même Auteur

— « Vieillesse mon servage, vieillesse mon honneur ».
   Poème épique. PALM 1983.
— « Et plus vif est le trait, plus se creuse le vide ».
   Poèmes de Lotus Engel. Palm 1983.
— « Foule dans ma fureur, foule dans ma candeur ».
   Poème épique. PALM 1984.
— « The Hindu Diaspora in the French West Indies ».
   India International Quaterly 1992.
— « Il n'est jamais trop tard… ».
   Poèmes. Publibook 2002
— « Petite Vie ».
   Roman, Éditions Édilivre 2014.
— « Cachou, Sésame et Pissenlit »
   Conte Éditions Édilivre 2019.
— « L'Arc-en-ciel ».
   Chansons et comptines, Éditions Édilivre 2021
— « Je suis ce F…très majuscule ».
   Poèmes et chansons, Éditions Édilivre 2022.
— « Je suis la Ville… ».
   Poèmes et chansons, BoD 2022
— « Pour peu que l'amour passe »
   Poèmes et chansons, BoD 2024

I

Ce serait un bateau-nuage
Il y aurait Vous, il y aurait moi
C'est-à-dire... qu'il y aurait nous
Et quoi de plus normal en somme
Pour vous et moi
Que d'aller ainsi entre ciel et eau

On l'appellerait-
Mais vous le savez déjà
Vous savez tout de nous-
"Pavot Noir et Feuille Morte"
Car je suis rouge et noire
Et vous couleur d'automne
Et entre vous et moi
Ce serait un bateau-nuance
Où composer des arcs-en-ciel

Ce serait un bateau-nomade
Enrubanné d'enfance
Tissé de jeux et de musique
Ce serait un bateau-dérive
Où déjouer l'espace

Ce serait un bateau-silence
Sans vagues et sans tempêtes
Allant son rythme de poème
A fleur de rive et de feuillages
A fleur de vie, à fleur d'ailleurs

Ce serait un bateau-fleur-d'eau

Ce serait un bateau-sourire
Où nous réconcilier le temps
Le temps d'avant l'Amer Amour
Quand Aimer était doux
Quand Aimer c'était Nous

Ce serait un bateau-rituel
Arche d'Alliance retrouvée

Vous me parlez d'amis
Et je vous laisse dire
Mais il n'en sera Rien
Car entre Vous et moi
Vous le savez déjà
Vous le savez très bien
Que cette cage là
N'est que pour Vous et moi

Ce serait un bateau-nuage
Il y aurait Vous, il y aurait moi
C'est-à-dire ... Qu'il y aurait NOUS.

II

Lorsque je vois fleurir le sourcil de Samta
Son regard s'agrandir
Et s'arrondir ses lèvres,
Muser le nez charmant
Lorsque je vois fleurir le sourcil de Samta
L'enfance au bout des doigts
Je me prends à rêver…

Un parfum de hammam
Nous fait comme un grand voile
Vaporeux et languide
Où songent des baisers
Qui n'osant pas se dire
S'épanouissent en rires
De petites filles espiègles soudain surprises au jeu.

Dans le vert de ses yeux je naufrage à plaisir…

Les vastes mosaïques de quelque ancien patio
Où des jets d'eau bavards
S'épuisent savamment dans des vasques de marbre
Font un théâtre étrange
Pour des femmes d'Ailleurs
Nubiles en leur candeur
Et nubiennes à leurs heures.
Levant très lentement des bras fins et graciles

Pour corriger d'un geste quelque mèche rebelle
Dans leurs coiffures baroques aux nattes somptuaires,
Elles vont d'un pas égal, barbaresque et félin
Irréelles figures d'un silencieux ballet,
Dont le but incertain me met la soif aux lèvres…

Lorsque je vois fleurir le sourcil de Samta
L'enfance au bout des doigts
Je me prends à rêver
De paradis lointains
Qu'on me disait perdus…

III

Elle est là devant moi
Si droite et si fragile
Si mince et si tremblante
Elle est là devant moi
-Ou est-ce moi qui tremble -

La jupe s'arrondit en un violet profond
Et la taille se cambre où s'amorcent les plis
La brise venant d'où, se joue de tous ces voiles
Dérange le tissu, ébouriffe l'ourlet,
Lui sculpte tout soudain un corps de pharaonne
-La peau d'ambre et de miel a frémi sous mes yeux-
Et puis le vent se tait, la jupe s'assagit,
L'enferme et la protège-tulipe renversée-
Elle et fille du vent, le vent se joue de moi

Elle et là devant moi
Si pure et si gracile,
Si fine et chancelante
Elle est là devant moi
-Est-ce moi qui chancelle-

La blouse au blanc laiteux s'échancre sagement
Et la nuque flexible jaillit comme une tige
Sous le couvert des arbres, le soleil darde un œil,
S'infiltre tel un voleur, danse dans le coton,
Lui fait un buste fier de rétive amazone
-J'ai cru voir deux fleurs d'or à l'endroit de ses seins-
Puis le rayon s'en va, la blouse s'ennuage,
La drape et me la cache-corolle à peine ouverte-
Elle est la fille du ciel, le ciel se rit de moi

Elle et là devant moi
Si douce et si lointaine
Si proche et tressaillante
Elle est là devant moi
-Est-ce moi qui tressaille-

Un halo de ténèbres descend de ses cheveux
Ondoie jusqu'aux épaules en un soyeux rideau
Une source à ses lèvres s'épanouit en sourire
Remonte le visage, s'attarde au creux des tempes,
Et lui met une étoile en plein milieu du front
-La nuit de son regard soudain s'est fait Lumière-
Puis l'ombre la reprend, le sourire s'éteint,
Et les cheveux l'enserrent-Intouchable Orchidée-
Elle est fille des Eaux, l'eau fuit entre mes doigts

Elle est là devant moi qui tremble et qui tressaille
Son corps de pharaonne a frémi sous mes yeux
-Elle avait deux fleurs d'or à l'endroit de ses seins-
-J'ai cru voir resplendir une étoile à son front-

Elle est là devant moi qui tremble et qui chancelle
Elle est fille du vent, elle est fille du Ciel,
Les eaux se jouent de moi quand je veux l'approcher
-L'ai-je vraiment connue - ou l'aurais-je rêvée -

IV

Sernaille, douce sernaille
Au ventre gris et bleu
Langoureuse sernaille
Et son regard peureux
Et son regard heureux
Soudain sous la caresse

Sernaille ma si tendre
Me cernant de si près
De trop près m'enserrant
Sernaille si légère
Et pesante pourtant
A mon cœur d'homme en fuite

Sernaille ma troublante
Qui va longeant mon mur
Que je voulais sans brèche
Que je voulais bien droit
Sernaille mutine et souple
Qui malgré moi se love
Au plus profond de moi

Sernaille mes aurores et tous mes arcs-en- ciel
Sernaille mes orages, lacérant sans pitié
Chaque pierre montée de tout mon labeur d'homme
Et tout au creux de moi
Se creusant sa lézarde
Où s'endormir au chaud
Au plus secret de moi

Sernaille mon Amour
Que ne vous ai-je aimée
Quand vous le demandiez
Mon mur est ébréché
Mes arcs-en-ciel en fuite
L'Orage désormais a pris racine en moi
Ma sernaille d'Amour
Un berger se lamente
D'avoir voulu trop tôt
Refermer la lézarde
Qui le tenait au chaud.

V

Je revivrai longtemps la maison basse et douce
Le gazon affleurant aux abords des fenêtres
Le tulipier géant protégeant de son ombre
Le seuil de cet Amour que vous n'osiez franchir
Les dieux étaient pour moi du haut de Saint Savin
Où brûlaient dans le soir nos Montagnes Magiques
J'embrassais vos lézardes, vous vous vouliez de glace
Et vous avez fondu comme neige au printemps
L'espace d'une vie, le temps de quelques nuits
Vous disiez : Toi ma Halte, mon Havre, mon Miracle
Pour mieux vous délivrer je disais « Parenthèse »
Oblitérant mon nom dans le texte à venir
Me gommant sans pitié, par défi, par chagrin
D'être arrivée trop tard au cœur d'un paragraphe
Où l'on m'avait prévue en points de suspension...

Et j'oublierai ce train où j'avais par mégarde
Engrangé tant d'Espoir que l'on nomme Futur
Il en cachait un autre ; je ne le savais pas
J'oublierai la pénombre où lézarde affolée
La Terre avait frémi tout au creux de mon ventre
Quand Femme j'étais née à l'appel de vos mains
Je fermerai sur Nous le grand linceul du Temps
Et me ferai Gisante et me ferai de pierre

Promise à la Folie des Ophélies flottantes
Qui hantent longuement les rêves d'hommes en fuite
J'émigrerai de Vous bien avant vos départs
Et la Parole Vive au sein du Verbe à Nu
Qui faisait notre Joie, qui faisait notre ivresse
Redeviendra Etale et Blanche et Transparente
Annonce de l'Absence, Prélude à mon Silence.

VI

Petite cendre sous la braise
Doux plumetis d'argent éteint
Si tiède encore d'avoir brûlé
Si chaude encore de son passé
De longue flamme folle et tendre
Petite cendre morte à demi
Fais-moi un lit de ta douceur

La braise en moi pétille encore
Marions-nous petite sœur
Mêlons sans plus nous inquiéter
Le Feu en moi en son principe
En toi le souvenir du Feu
Et de mes doigts incandescents
J'aviverai ta robe grise

Petite cendre en fine poudre
Mon émiettée, ma si friable
Voilà-t-il pas que tu palpites
En ce soupir qui me traverse
Ton plumetis d'argent éteint
Se recompose autour de moi
Et mes couleurs brillent à ton cou

Mon petit lot de cendre douce
S'est éveillée en tourterelle
Elle s'apprête pour son chant
Je peux enfin dormir au chaud
Quand deviendrai cendre à mon tour
Ma tourterelle aux yeux d'Amour
Viendra me prendre sous son aile.

VII

Fenêtre sur la rue
Un été imprévu
Un rideau de dentelle
S'amuse avec le vent

J'invente sous l'auvent
L'image d'une belle
Qui passerait devant
Le rideau de mon temps

Il me faudrait des ailes
Passereau ou tourterelle
Pour surprendre la belle
Nichée sous son ombrelle

Dans le ruban des gants
Des mains de demoiselle
Font comme un paravent
Jouant dans les ombelles

Derrière un éventail
Passe un chapeau de paille
Un volet en tressaille
J'ai le cœur qui défaille

**Ne coupez pas mes ailes
Mon rêve est une ombrelle
Souvenir en dentelles
D'une ombre en demoiselle.**

VIII

Faites-moi la fête
Mon Ami Pierrot
J'ai mal à la tête
Et peut-être au dos

Je n'ose point dire
Que j'ai mal au cœur
Ca prêterait à rire
Ou ça ferait peur

Faites-moi la fête
Mon Ami Pierrot
J'en ai plein la tête
J'en ai plein le dos

Prête-moi ta plume
Prête-moi ta main
Mon âme s'enfume
Ça s'écrit chagrin

Là-bas sur la dune
Mon Ami Pierrot
J'irai voir la lune
Pour lui dire un mot

Jouant sur les flots
Elle me répondra
Elle me bercera
Mon Ami Pierrot

Faites-moi la fête
Madame la lune
Mettez des paillettes
Sur vagues et sur dunes

Et nous chanterons
Mon Ami Pierrot
Et nous danserons
Le cœur bien au chaud.

IX

Je vous invite à l'indécence
De ce tango très argentin
En ce temps-là j'étais Don Juan
Mais vous vous m'appeliez Tristan

Triste j'étais il va sans dire
Mais que dire de ce tango
J'aurais souhaité être le sel
De cette terre, non la gabelle

Vous avez pris la fuite en douce
Vous êtes morte dans mes bras
Sur un refrain si lancinant
Qu'il vous casse de la nuque aux reins

Où sont vos seins de rossignole
Votre gorge à serrer trop fort
Où est le sang de mes blessures
Sur votre front où luit l'étoile

Ne m'invitez plus à l'indécence
De ces tangos trop argentins
Elle a payé, j'ai eu ma dose
J'aimerais enfin dormir en paix

Chanson pour un oubli
Chanson pour la mémoire
Chanson oubli
Chanson mémoire
Je te retiens
Chansons dit-on
Mais te connaissait-on
Mais savaient-ils ton nom
Ceux qui disent sans cause
Chanson dit-on
Moi je récite ton nom

Oubli Mémoire.

X

Permettez que ma joie demeure
Je vous laisse à vos souvenirs
Ou plutôt à votre délire
Qui vous dévore heure après heure

Permettez que je dise adieu
À vos fantasmes, à vos malheurs
Que je renonce à vos rengaines
Que j'en oublie votre sourire

Il est des printemps à renaître
Mais vous choisissez de mourir
A votre choix moi je n'oppose
Que l'envie de toujours fleurir

Se survivre me fait horreur
Et de vous j'en ai eu ma dose
C'est un poison qui tue la chose
Que moi je nomme Devenir

Allez, creusez donc bien la tombe
Où vous avez voulu m'enfouir
Non je ne serai jamais votre ombre
Entre nous tout a été dit.

Et je m'allonge en chat qui rit
D'avoir cru à l'Amie-Erreur
Je n'ai point goût pour la Terreur
Et donc aujourd'hui je vous fuis
A Nata (chat) lie.

XI

Je m'appelais Pivoine
Lui ce n'était qu'un âne
Me prenant pour l'avoine
Il pensait me brouter

S'approchant de Pivoine
Avec des airs de moine
Cachant son bonnet d'âne
Il s'en vint la trouver

Pivoine ô ma Pivoine
Sans toi je perds mon âme
Rejoins-moi dans l'avoine
Et nous pourrons jouer

Il parlait le pauvre baudet
De thym, d'herbe et de serpolet
Se voyait déjà arrivé
Au cœur de la forêt

Mais les Pivoines sur les baudets
En avaient appris quelque peu
Ayant vu passer dans les prés
Plus d'un âne empressé

Jouant les fleurs les femmes fées
Se nimbant de rosée
Tantôt violette ou rose-thé
Elle le fit marcher

Les fleurs en cœur sans hésiter
Main dans la main firent le gué
Riant sous cape du benêt
Cherchant Pivoine dans les blés

Une morale s'impose ici
Qu'on soit Pivoine ou bien Souci
Il faut apprendre à détecter
L'âne qui sort sous le bonnet

Un p'tit conseil pour les baudets
Mieux vaut savoir se modérer
Ne pas trop rêver de pivoines
En rester à l'avoine.

XII

Ma chipie
Triveni
Le long du Mississipi
Ça fait mouche
Bateau mouche
Surtout quand ça vous sourit

J'ai la touche
Bateau mouche
Le long du Mississipi
J'ai trouvé Triveni
Mon adorable chipie

Ma chipie
Je lui dis
Tu n'as qu'à me suivre au lit
La chipie elle me dit
Va-t'en donc voir si j'y suis

Je connais les chipies
Le long du Mississipi
Saintes nitouches
Ça fait mouche
Et ça vous laisse interdit

Je l'aurai ma chipie
Le long du Mississipi
Je ferai mouche
Bateau mouche
Pour avoir ma Triveni.

XIII

Je vous le dis ma mie,
Je vous le dit tout net
Vous n'aurez pas mon lit
Vous n'aurez pas ma tête.

Si vous pensez au cœur
Faudra chercher plus loin
C'est un marteau-piqueur
Je le relègue au coin

Ne pleurez pas ma mie
Le temps vous est compté
Délaissez l'églantier
L'épine sous le fruit.

Couchez-vous dans les blés
Où dorment les pavots
Un gentil coquelicot
Saura jouer les Fées.

Vous reviendrez ma mie
Le cœur ensoleillé
Et qui sait, dans mon lit
Pourrez-vous reposer.

XIV

Sur le chemin menant aux dames
S'il me restait un souvenir
Je crois que ce serait Eliane
Tel un aveu ou un soupir

Bien sûr il en passa bien d'autres
Sur ce pont qui nous fait frémir
Qui parfois nous ferait bien fuir
Amour tu nous tiens la dragée bien haute

C'était Sylvie ou Noémie
Des noms au parfum Sol à Mi
Qui m'appelait du fond des nuits
Dans ces grottes où sévit l'ennui

L'envie de vivre ou de périr
Mesdames vous l'avez bercée
M'avez confite de baisers
De vous garde le don d'aimer

Comme un torrent ou un brasier
Loin de ce monde vous m'entraîniez
Dans vos bras je pouvais chuter
Pour me perdre ou me retrouver

De gazelle en verte vallée
J'ai vécu mes contes de fée
Ils m'ont fêtée ils m'ont veillée
Je ne renie rien du Passé

Mais sur la crête qui mène aux flammes
Celle que je nomme chemin des Dames
S'il me restait un souvenir
Ce serait Éliane
Tel un aveu ou un soupir.

XV

Je pense à vous Elisabeth
Qui vient d'ici ou du Pérou
Des landes amères de Lamermoor
Ou peut-être de la Mer Morte
Elisabeth des amours mortes
On parle de vous à Lamermoor
L'amour amer frappe à la porte
Elisabeth, qu'on soit d'ici ou du Pérou

Loctudy, Loctudy
Point d'orgue à la pointe des vagues
Loctudy, Loctudy
De Promontoire en Solitude

Femme du Lieutenant français
Battant falaises en robe noire
Adèle sur les routes d'Irlande
Qui s'enfolla pour un baiser
Camille que l'on enferma
Sculptant des ongles son destin
Femmes éternelles de Marins

Loctudy...

Eva la Veuve qu'on dit Rouge
Qui étrangla dans sa passion
Un amour nommé Déraison
Quelque Landru qui court encore
Femmes d'étable et de boisson
Qu'on renverse au cours des moussons
Et dont on fait une moisson
Entre deux vaches entre deux verres

Loctudy...

Cette histoire n'a point de fin
Si ce n'est dans le mot chagrin

Loctudy...

XVI

Bleu-Roi
Comme un Enfant
Bleu-Nuit
Comme un Amour
Bleu-gris
Comme un Souci
Qui se dessine et se replie
Bleu-Dur
Comme l'Acier
De ton sourire en papier peint
Bleu-Ciel
Comme un nuage après la Pluie
Bleu-vert
Comme vipère au sein des mères
Qui mord au poing, ronge son frein
Bleu-Mer
Comme horizon sur l'Infini
Où chantent en doux tous mes Déserts.

XVII

Mourir c'est Partir un peu
De la terre, de la Terre
Peut-être pour aller aux cieux
En tous cas c'est un adieu

Pourtant c'était beau la Terre
Comme un lierre, comme un lierre
Je m'y suis bien accroché
Mais l'oiseau s'est envolé.

Il faut savoir s'en aller
De la Terre, de la Terre
Pour pouvoir réinventer
Cet oiseau qui s'enfuyait

L'oiseau c'était moi en somme
Mais j'étais un homme, juste un homme
J'avais les ailes coupées
Maintenant je peux voler

N'espérez pas que je dévoile
L'essentiel en Son secret
Aujourd'hui j'ai franchi la toile
Qui me rivait au poignet

Accroché à ses bracelets
J'ai tout compris à travers ses yeux
Elle aurait voulu me porter
Mais le temps m'était compté

Sur son p'tit arpent du bon Dieu
Moi je flâne moi je plane
Ainsi je la protège un peu
De loin j'entretiens le feu

Mourir ce n'est pas partir
C'est en somme, c'est en somme
Tisser des liens à venir
Souvenirs de l'âge d'homme.

                                        À mon père

XVIII

C'était hier ou ce matin
La Seine était couleur chagrin
Tombaient les feuilles, soufflaient les vents
Ton nom était partout présent
Le long des quais, dans la maison
Je t'appelais ma Déraison

Etait-ce hier ou ce matin
Ce pli trop bleu entre mes mains
Criant ta mort à contretemps
Hurlant ton nom à tous les vents
Des mots sans rimes et sans raison
La Vie devenait Dérision

Est-ce aujourd'hui ou bien demain
Je prendrai le même chemin
Celui qui remonte le temps
Qui prend la vie à contresens
Quand j'aurai fini ma chanson
J'aurai dit jusqu'au bout ton nom

Était-ce hier ou ce matin
Les eaux ne charriaient que chagrin
La mort frappait à contretemps
La Vie n'était que contresens
Je t'appelais ma Déraison
Jusqu'au bout j'aurai dit ton nom.

XIX

Tu étais l'âme de la Brume
Et on t'aimait
Tu nous dédiais tes clairs de lune
Et tes forêts

Nous partagions tes infortunes
Les Mal-Aimés
Sous ton boa de fausses plumes
On s'inventait

Un inventaire inachevé
Echevelé
Qui se promène de Vague en Dune
À tes côtés

De Solitude en Désespoir
Toi l'Aigle noir
Tu nous livrais tel un vaccin
Perlimpimpin

Sous nos jupons de coton blanc
C'était vingt ans
De Christine nous avions l'éclat
Des lilas blancs

Nous sommes tous les héritiers
Les orphelins
De ta cantate Si Mi La Ré
Tu jouais si bien

Tu restes notre Passion d'un jour
Le Bel Amour
Au tournant on t'attend toujours
Noir et velours

Surtout ne nous fais pas la Malle
Tu l'as tant fait
Nous nous resterons aux aguets
Ferons le guet

Pour notre longue Dame Brune
Et ses forêts
Pour l'ombre de son infortune
Au creux des dunes

Madame nous serons toujours
À vos côtés
Celui des mal Aimés blessés
Frères en Amour

La flamme vous l'avez passée
Elle est sacrée
De vous nous restons héritiers
D'un seul Péché
Celui de trop savoir Aimer
À en mourir s'il le fallait.

Hommage à Barbara

27/11/97

**Ses cheveux vol-au-vent
M'ont fait chavirer l'âme.**

XX

Elle allait
Le front couronné de nuages
Regard de ciel et d'eau
Des cils à fleur de larmes

Elle allait
Cheveux d'algue et de feuillage
Peau d'ambre et d'améthyste
Sourire à fleur de dent

Elle flottait dans nos rues
De son pas d'aigue -vive
Péniche à la dérive
Dans nos sentiers battus

Elle disait
De sa voix d'outre-mer
Des îles improbables
Des continents perdus

Elle disait
D'une voix souveraine
Des mélopées anciennes
Aux sons couleur d'ailleurs

Elle chantait dans nos rues
De sa voix d'aigue-vive
Musique à la dérive
Dans nos airs trop connus

Elle mimait
De ses mains magiciennes
Des fables incertaines
Fresques au parfum de vent

Elle mimait
De ses mains irréelles
D'étranges nébuleuses
Des ciels à perdre cœur

Elle tissait dans nos vies
De ses doigts d'aigue-vive
Les fils à la dérive
De nos rêves perdus

On l'appelait
Sorcière ou bien prêtresse
Lilith ou Mélusine
Des noms pour qui pour quoi

Elle venait
Peut-être d'une étoile
Tous nos mots malhabiles
L'ont renvoyée là-bas

Elle a quitté nos rues
De son pas d'aigue-vive
Son chant à la dérive
A déserté nos rues

Elle a quitté nos rues
De son pas d'aigue vive
Laissant à la dérive
Nos rêves éperdus.

XXI

N'approchons pas de la rivière
Un reflet dort au fil de l'eau
Etait-ce pâtre ou bien bergère
Bien fol est qui s'en inquiétera

Bien fol est qui s'en souviendra

Jeanne l'enfant, Jeanne la Douce
Jeanne brebis, la Jeanneton
Près de Jeannot, de ses moutons
Filait tout doux, filait gaiement
Amour très sage et de bon ton

N'approchons pas ...

S'en vint le Prince des romans
Éperon fier, bel étalon
Aux cheveux blonds de Jeanneton
Il suspendit aveuglément
Amour dément et Déraison

N'approchons pas ...

On dit que Jeanne en sa candeur
Au Prince fou offrit des fleurs
Sombres églantines des buissons

L'épine à la rose emmêlée
Amour et Mort en un Baiser

N'approchons pas ...

Est-ce le Prince ou bien Jeannot
Qui à minuit mena l'enfant
Aux yeux trop doux, aux cheveux blonds
Au bout du pré là où l'eau chante
Amour déçu et Trahison

N'approchons...

Jeannot dit-on a disparu
Et de Jeannette la bergère
Seul un ruban est revenu
Jouer sa danse sur la berge
Là où se marient les roseaux

N'approchons pas ...

Une ombre hante à la minuit
Le bout de pré là où l'eau chante
Est-ce le Prince ou bien Jeannot
Qui sur la berge se lamente
Amour très sage .... Ou Déraison ?

N'approchons pas ...

XXII

Le temps mon ange est à la pluie
L'Amour mon cœur est à l'Oubli
N'enfantons pas tous nos soucis
Gardons nos rêves pour la Nuit

Alice est morte ce matin
Dit la complainte des chemins

Monts et Merveilles m'avez conté
Beau chevalier par les sentiers
L'Amour filait à travers prés
L'impasse était au bout du gué

Alice est morte ce matin
Dit la Complainte des chemins

Brève la Nuit, Tendre la Pluie
Sur nos Merveilles et nos matins
Nos chemins mènent à l'Oubli
Prenons nos rêves par la main

Près du ruisseau passait Alice
Les doigts perdus dans les roseaux

Alice a bu tout le ruisseau
Un roseau tremble au bord de l'eau.

XXIII

Quand mon prince reviendra
Alouette Alouette
Quand mon prince reviendra,
Alouette chantera

Il y a longtemps que je t'aime
Dit une chanson ancienne
Je ne t'oublierai jamais
C'est un air que je connais

Quand mon prince…

Anne ma gentille sœur Anne
Ne vois-tu donc rien venir
Par les blés et la campagne
Anne je m'en vais mourir

Quand mon prince…

Que reste-t-il mon enfant
De ces paroles d'antan
Quelques rimes et un refrain
Trois fois rien que le chagrin

Quand mon prince…

XXIV

La grille restera rouillée
Aussi longtemps qu'il le faudra
Elle dort sous des planches mouillées
Juste à l'orée du petit bois

Pourquoi donc fuirais-je le vent
Ou les rôdeurs aux mains de sang
Qu'il me pleuve dessus des orages
Tant que l'Amour fuira sa cage

La grange jour à jour se fendille
La mousse joue entre les tuiles
L'hiver dans la cour se faufile
Un volet bat tel cœur fragile

Pourquoi donc fuirais-je le vent
Ou les rôdeurs aux mains de sang
Qu'il me pleuve dessus des orages
Tant que l'Amour fuira sa cage

Le foyer n'abrite plus de feu
La maison rétrécit peu à peu
Des ombres hantent le couloir
La Vie s'est noyée dans le Noir

Pourquoi donc fuirais-je le vent
Ou les rôdeurs aux mains de sang
Qu'il me pleuve dessus des orages
Tant que l'Amour fuira sa cage

Je suis là figée aux fenêtres
Je regarde la plaine qui dort
J'attends que revienne l'aurore
Et des printemps encore à naître

Pourquoi donc fuirais-je le vent
Ou les rôdeurs aux mains de sang
Qu'il me pleuve dessus des orages
Si mon Amour revient en cage

Nous repeindrons la grille en blanc
Chasserons la mousse des toits
Fixerons les volets d'en bas
Rentrerons pour l'âtre du bois

Et nous danserons dans le vent
Loin des rôdeurs aux mains de sang
Il nous pleuvra partout des orages
Qui signeront l'Amour en cage.

XXV

Le père de Marie-Jeanne
Est parti ce matin
Marie-Jeanne est en larmes
Chacun s'étonne un brin

Ce drôle de citoyen
Ne fréquentait personne
Pas même sa femme Yvonne
Ne parlait qu'à son chien

On dit par le pays
Qu'Yvonne s'en moquait
Elle menait sa vie
Comme elle l'entendait

Marie-Jeanne de loin
Suivait mine de rien
Son père ce vaurien
Par les creux des chemins

Le père de Marie-Jcanne
Son bâton à la main
Sur les traces de son chien
S'en est parti au loin

Il fuyait Marie-Jeanne
Ses cheveux de moisson
Son Amour Déraison
De Blé tendre dans l'âme

De lui on ne sait rien
Mais que sait-on de mieux
Des larmes de Marie-Jeanne
Pleurant dans ses cheveux

Derrière ses cils chagrins
Il y a bien des secrets
Bien sûr je les connais
Dois-je les révéler

Que dire d'un amour
Que nul ne veut entendre
Pire que Secret Défense
Ça vous tue au détour

Laissez-les donc en paix
Ils mourront tour à tour
Elle de l'avoir aimé
Lui d'avoir résisté

Le père de Marie-Jeanne
Est parti ce matin
Marie-Jeanne est en larmes
Chacun s'étonne un brin.

XXVI

Pleure Pleure pas ma mie
Le Seigneur nous a tout pris
Nos récoltes et nos brebis
Anneau d'or et ambre gris

Passe l'été couleur de ronce
L'hiver en moi a fait son nid
On dit que des printemps s'annoncent
Est-ce d'épines ou de buissons

Il a planté sur ton front
La flèche de l'infamie
Tes jupons vont dans le vent
Dire le goût de son lit

Passe l'été...

Notre enfant n'a pas de nom
Né de père trop connu
Il pousse entre lierre et champ
A l'orée du pont levis

Passe l'été...

Fleur des fossés ou chardon
Entre l'oseille et l'ortie
Pavot rouge des amants
Entre le grain et l'épi

Passe l'été...

Viendra l'automne et la pluie
Mon fils aura son fusil
Il jouera dans la prairie
Tuera son père ou ma mie

Passe l'été....

Tournent tournent les saisons
La mort a fait sa moisson
Mon fils a pris la maison
Au-delà du pont-levis

Passe l'été....

Je m'en vais par les chardons
Entre l'oseille et l'ortie
Un pavot entre les dents
Vers la tombe de ma mie

Passe l'été...

Pleure pleure pas ma mie
Le Seigneur n'a pas tout pris
Il nous restera la nuit
Je prends place dans ton lit

Passe l'été couleur de ronce
L'hiver en moi défait son nid
On dit que des printemps s'annoncent
S'en vont fleurir tous nos buissons.

XXVII

Je ne sais pas ce qui m'entraîne
Ce qui m'avive et me déchaîne
Qui me séduit et qui me gêne
Ce qui me fuit et puis m'enchaîne

Je ne sais pas ce qui me suit
Qui me sourit, qui me ravit
Ce qui m'alarme et qui me peine,
Ce qui m'enchante et me détruit

Je ne sais pas ce qui m'emporte
Ce qui me pèse et me poursuit
Ce qui se cache à l'autre porte
Sitôt donné sitôt repris.

Ce qui m'entraîne et qui m'enchaîne,
Qui me détruit, qui me ravit,
Ce qui me pèse et qui m'emporte
C'est mon Amour, c'est le Maudit.

XXVIII

Au jeu d'amour et de hasard
On croit pouvoir sans autre égard
Me prendre au piège dans le noir
Tantôt Colin tantôt Maillard

J'ai le bandeau des condamnés
Palombe ou grive prise au filet
L'appeau aux lèvres du chasseur
Parlait d'un chant venu du cœur

Petite Reine ma Douleur
Disait la trille du menteur
Je t'attendais du fond des temps
Viens-t' en rejoindre ton amant

Et le nid semblait doux bien à l'abri du tronc
Les feuilles fredonnaient en parfait unisson
Le filet du malheur était bien camouflé
Ne riez pas la Belle vous y seriez tombée

Car Sourcière je fus de toute Eternité
J'ai vécu mousse et eau en attendant l'été
Croyant tout comme vous aux contes d'autrefois
Où de belles dormeuses cherchent Robin des Bois

Mais les preux chevaliers ne sont plus de ce temps
Me voilà cible et proie aux mains d'un contingent
D'hommes à la face molle qui se vengent de moi
De n'avoir su comprendre leur rêve à mon endroit

Car Sourcière je fus de toute Eternité
Mais les preux chevaliers ne sont plus de ce temps.

XXIX

On serait Madame
Bien tenté de vous croire
Quand vous nous racontez
Que vous l'avez trouvé
Tout au fond du lavoir

Il venait Madame
Du moins le dites-vous
Vous donner le bonsoir
En passant par chez vous
De temps en temps le soir

Il rentrait Madame
Du moins l'affirmez-vous
Sagement chez sa femme
Manger la soupe aux choux
Et dormir bien au chaud

Mais comment donc Madame
Expliquez- vous le fait
Que par certains matins
On le voyait filer
Derrière votre jardin

Allons donc Madame
Il est grand temps d'avouer
Que vous l'avez noyé
Comme un chien de bâtard
Tout au fond du lavoir

Loin de moi Madame
L'idée de condamner
Ce geste improvisé
Qui nous prend dans le noir
Au cœur du désespoir

J'étais là Madame
Auprès de l'abreuvoir
A deux pas du lavoir
Quand vous l'avez tué
Comme je l'aurais fait

Car sachez bien Madame
Que vous n'êtes point seule
A l'avoir accueilli
Au creux de votre lit
Quand il frappait au seuil

Vous venez Madame
De nous rendre aujourd'hui
Notre présent de femme
Honni qui mal en dit
Madame on vous en dit Merci.

XXX

Vous permettez Madame
Que je m'étonne un peu
Que dans certains milieux
On s'inquiète de moi:

Oubliez-vous Madame
Que chez tous ces gens-là
On me montrait du doigt
Comme la Putain du Roi.

Lui l'enfant du Manoir
Moi la Belle des soirs
Qu'avait-il en commun
Avec mes cheveux bruns

Que me veut-on Madame
Pour me tendre la main
Cherchez-vous par hasard
L'ombre du Diamant noir

Vous intriguez Madame
Vous voulez tout savoir
De cet étrange amour
Qui fait jaser autour

Ce que je pourrais dire
Ne vous contenterait pas
C'était simple à mourir
Vous ne me croiriez pas

Il me disait mon Cœur
Toi mon plus Beau Souci
Mon Ange ma Raison
Toi ma seule maison

Il m'appelait Ma vie
Il m'appelait Ma mie
Ma tendre nostalgie
Ma fleur en sa Passion

Laissez-moi mon chagrin
Laissez-moi dans ma nuit
Je ne suis pas Madame
De celles qui oublient

Allez porter ailleurs
Tous vos bons sentiments
Je ne saurais qu'en faire
Ils sentent le poison

Vous voyez bien Madame
Que c'est bête à pleurer
Vous pensiez le sauver
Vous nous avez tués.

Histoire de jouer.

XXXI

Je vous ai dit qu'il était temps
De vous forger une raison
De mettre à mort le mot Passion
De redorer votre blason

Je vous ai dit que par les champs
On se gaussait de vos amants
Vos cœurs à corps, vos illusions
Vos rêves à tort ou à raison

Savez-vous que chez les Dupont
Chacun y va de son lorgnon
L'oreille en coin chez les Durand
Dessous les portes on vous entend

On assassine vos jupons
On redessine vos tétons
L'œil à l'aguet au moindre son
Le vent murmure votre nom

On dit, on cause, on se répand
Sur le contour de vos chaussons
Sur vos soupirs ou vos chansons
Cela fait tort à nos enfants

Je vous le dit très carrément
Chère Amélie de nos vallons
Le temps s'est mis à la Raison
Mettez à mort vos illusions

Dites trois fois le mot Pardon
Allez frapper chez les Durand
Rassurez tous les vieux Dupont
Donnez l'exemple à nos enfants

Il se pourrait bien qu'autrement
L'on fasse un sort à vos jupons
A vos soupirs, à vos chansons
Qu'on mette en pièces vos chaussons

Ne comptez pas sur vos Amants
Pour justifier le mot Passion
J'en sais plus d'un qui dans le fond
N'est qu'un Durand ou un Dupont

Croyez ma chère en mon tourment
À ma sincère dévotion
C'est votre bien que je défends
Le bien des autres je m'entends

Je fus sorcière dans mon temps
J'ai bien vécu le mot Passion
Les cœurs à corps les illusions
Les rêves à tort ou à raison

N'en reste Rien les lendemains
Sinon des cendres et trois fois rien
Les braises, Amélie, ça s'éteint
Ou ça s'enterre mine de rien
Pour mieux résister aux requins.

XXXII

Moi Madame je suis celle
Qu'il aima bien avant vous
Pour lui j'étais la plus belle
Il m'adorait comme un fou

Lady Love son immortelle
Il priait à mes genoux
C'est de mon cœur qu'il est né
En lui je me suis noyée

Que pourriez-vous donc Madame
Comprendre de tout cela
Vous le possédez Madame
Mais il n'est qu'à moitié là

Je le connais bien Madame
Vingt ans j'ai suivi ses pas
Il échoue dans votre lit
Mais mon âme reste son nid

N'ayez donc point peur Madame
Je ne vous l'arracherai pas
Il est bien trop bien Madame
Vous lui offrez votre toit

Baby wife ou Lady Love
Permettez-moi de choisir
J'ai eu la part la plus belle
Je vous laisse ce qui reste

En reste-t-il quelque chose ?

Car Sourcière je fus…

I	Ce serait un bateau-nuage
II	Lorsque je vois sourire le sourcil de Samta
III	Elle est là devant moi
IV	Sernaille, douce sernaille
V	Je revivrai longtemps
VI	Petite cendre sous la braise
VII	Fenêtre sur la rue
VIII	Faites-moi la fête
IX	Je vous invite à l'indécence
X	Permettez que ma joie demeure
XI	Je m'appelais Pivoine
XII	Ma chipie
XIII	Je vous le dis ma mie
XIV	Sur le chemin menant aux dames
XV	Je pense à vous Elisabeth
XVI	Bleu-Roi
XVII	Mourir c'est partir un peu
XVIII	C'était hier ou ce matin
XIX	À la longue Dame Brune
XX	Elle allait
XXI	N'approchons pas de la rivière
XXII	Le temps mon ange est à la pluie
XXIII	Quand mon prince reviendra
XXIV	La grille restera rouillée
XXV	Le père de Marie-Jeanne

XXVI	Pleure Pleure pas ma mie
XXVII	Je ne sais pas ce qui m'entraîne
XXVIII	Au jeu d'amour et de hasard
XXIX	On serait Madame…
XXX	Vous permettez Madame
XXXI	Je vous ai dit qu'il était temps
XXXII	Moi Madame je suis celle…